¡Esta Navidad les traigo muchos regalos!

Villancicos de Navidad para Saxofón

Villancicos de Navidad para Saxofón

Canciones para Saxofón Alto · Barítno · Tenor · Soprano

Villancicos de Navidad para Saxofón:
Canciones para Saxofón Alto · Barítno · Tenor · Soprano

© 2012 Javier Marcó

ISBN-13:978-1481011389
ISBN-10:1481011383

y además...

¡Vamos a tocar y cantar villancicos juntos!

Índice

Guía para tocar

Notación musical
Las notas se escriben en el pentagrama.

Pentagrama
El pentagrama está compuesto por 5 líneas y cuatro espacios, donde se ubican las notas.

Clave
La clave le asigna una altura a una línea determinada del pentagrama.
La **clave de sol** se usa para el Saxofón.

Esta clave nos indica que la segunda línea, contando desde abajo, es un Sol.

Notas
Una nota es el signo que se utiliza para representar la altura relativa de un sonido.
Hay siete notas: Do Re Mi Fa Sol La Si.

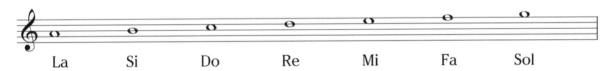

| La | Si | Do | Re | Mi | Fa | Sol |

Líneas adicionales
Las líneas adicionales se usan para las notas que se ubican fuera del pentagrama.

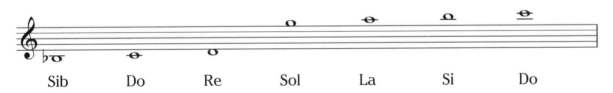

| Sib | Do | Re | Sol | La | Si | Do |

Alteraciones
Una alteración es un símbolo que sube o baja la altura de una nota.

♯ sostenido   Sube un semitono la altura de la nota.

♭ bemol   Baja un semitono la altura de la nota.

♮ becuadro   Cancela un bemol o un sostenido.

Figuras

Las **figuras** indican la duración de una nota. Los **silencios** representan la ausencia o interrupción del sonido.

𝅝	Redonda	▬	Silencio de redonda
𝅗𝅥	Blanca	▬	Silencio de blanca
𝅘𝅥	Negra	𝄽	Silencio de negra
𝅘𝅥𝅮	Corchea	𝄾	Silencio de corchea
𝅘𝅥𝅯	Semicorchea	𝄿	Silencio de semicorchea

Nota con puntillo

Una nota con puntillo es una nota con un pequeño punto escrito a continuación. El puntillo le suma a la nota la mitad del valor de la duración básica de la nota.

Ligadura

La ligadura es una línea curva que conecta las cabezas de dos notas de la misma altura, indicando que deben ser interpretadas como una sola nota con una duración igual a la suma de las dos notas.

Barra de compás

El pentagrama es dividido en segmentos de igual duración formados por la misma cantidad de pulsos.

Compás

El compás se representa por medio de dos números, el número de arriba indica cuantos pulsos o tiempos hay en cada compás, y el numero de abajo indica cuánto vale cada pulso.

Ejemplo: 4/4 quiere decir cuatro cuartos, o cuatro pulsos por compás, siendo una negra un pulso.

Armadura de clave

La armadura de clave es un grupo de alteraciones, generalmente escritas al comienzo de una partitura inmediatamente después de la clave, e indica que notas serán alteradas con sostenidos o bemoles. Las alteraciones en líneas y espacios en la armadura de clave valen para toda la obra a menos que aparezca un becuadro.

Barra de repetición

La barra de repetición indica que una sección debe ser repetida desde el comienzo, o bien desde otra barra de repetición, y luego continuar.

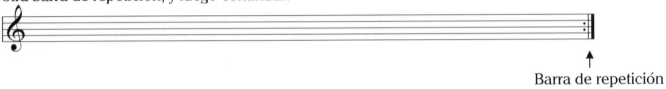

Barra de repetición

Finales

La sección debe ser repetida desde el principio y los números arriba del pentagrama indican que tocar la primera vez (1), y que tocar la segunda vez (2).

Tempos

El tempo se escribe al comienzo de una pieza de música e indica que tan rápido o lento se debe ejecutar esa pieza.

Lento — muy despacio (40–60 bpm)
Adagio — despacio y estático (66–76 bpm)
Andate —ni rápido ni lento, al paso (76–108 bpm)
Moderato — moderado (101-110 bpm)
Allegro — rápido y brillante (120–139 bpm)
Allegretto — moderadamente rápido (pero menos que el allegro)

Alla marcia — a la manera de una marcha
In tempo di valse — en tiempo de vals

rallentando — ir disminuyendo gradualmente el tempo de la ejecución
a tempo — volver al tempo inicial anterior al *rallentando*

Dinámica

La dinámicas indican la intensidad (volumen) con que se debe interpretar la música.

p   (piano), intensidad baja, suave.
mp (mezzo-piano), intensidad moderadamente suave.
mf (mezzo-forte), intensidad moderadamente fuerte.
f   (forte), intensidad fuerte.

Crescendo. Un incremento gradual en la intensidad.

Decrescendo. Una disminución gradual en la intensidad.

Articulación

Legato. Las notas se interpretan conectadas, sin articular una separación mediante la interrupción del sonido.

Stacatto. La nota se acorta respecto de su valor original y se separa de la nota que va a continuación por un pequeño silencio.

Calderón

La nota se prolonga a discreción del intérprete.

Tenor · Soprano

A la Nanita Nana

Tradicional
Arr: Javier Marcó

Moderato

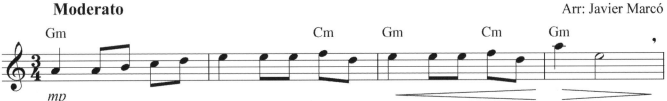

Adeste Fideles

John Francis Wade
Arr: Javier Marcó

Away in a Manger

James Ramsey Murray
Arr: Javier Marcó

Moderato

Ça, Bergers, assemblons nous

James Ramsey Murray
Arr: Javier Marcó

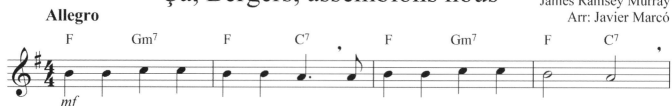

Campana sobre Campana

Tradicional
Arr: Javier Marcó

Campanita del Lugar

Tradicional
Arr: Javier Marcó

Moderato

Fröhliche Weihnacht überall

Traditionell
Arr: Javier Marcó

Allegro

Hark! The Herald Angels Sing

Felix Mendelssohn
Arr. Javier Marcó

Il est né, le divin Enfant!

Traditionnel
Arr: Javier Marcó

Jingle Bells

James Lord Pierpont
Arr. Javier Marcó

Presto

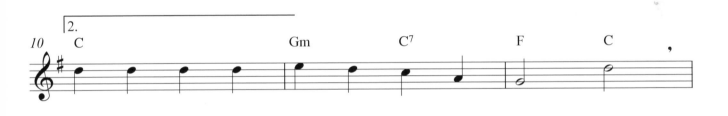

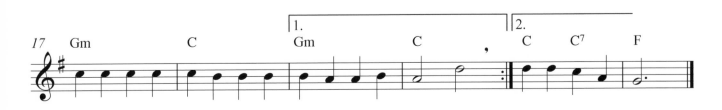

Joy To The World

Georg Friedrich Händel
Arr. Javier Marcó

Presto

La marche des Rois

Georges Bizet
Arr: Javier Marcó

Leise rieselt der Schnee

Eduard Ebel
Arr. Javier Marcó

Andante

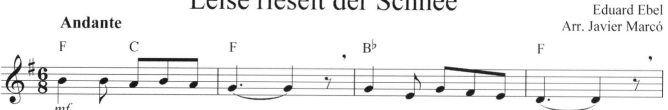

Les Anges dans nos Campagnes

Traditionnel
Arr: Javier Marcó

Presto

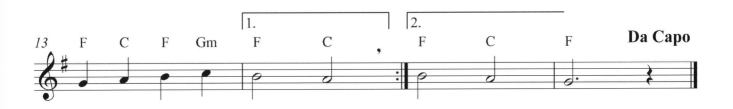

Los Peces en el Río

Tradicional
Arr: Javier Marcó

38

Minuit, chrétiens

Adolphe Adam
Arr: Javier Marcó

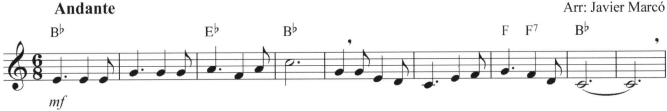

O Tannenbaum

Traditionell
Arr: Javier Marcó

Moderato

Still, Still, Still

Traditionell
Arr: Javier Marcó

Stille Nacht, heilige Nacht

Franz Xaver Gruber
Arr. Javier Marcó

Adagio

The First Nowell

Traditional
Arr. Javier Marcó

Moderato

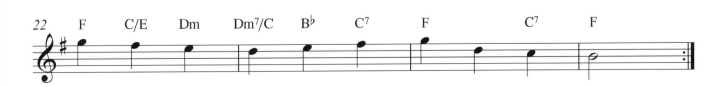

Tu scendi dalle stelle

Alfonso María de Ligorio
Arr: Javier Marcó

We Wish You A Merry Christmas

Traditional
Arr. Javier Marcó

Presto

A la Nanita Nana

Tradicional
Arr: Javier Marcó

Adeste Fideles

John Francis Wade
Arr: Javier Marcó

Allegro

Away in a Manger

James Ramsey Murray
Arr: Javier Marcó

Moderato

Ça, Bergers, assemblons nous

James Ramsey Murray
Arr: Javier Marcó

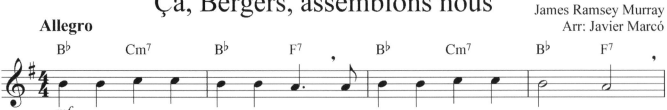

Campana sobre Campana

Tradicional
Arr: Javier Marcó

Moderato

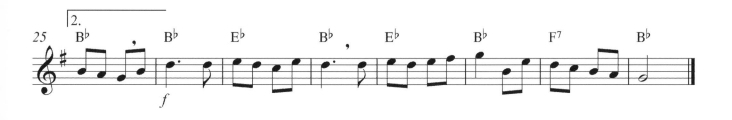

Campanita del Lugar

Tradicional
Arr: Javier Marcó

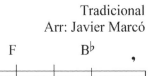

Moderato

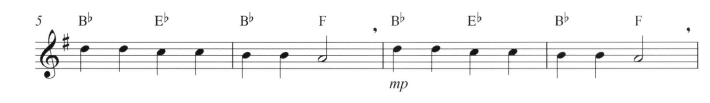

Fröhliche Weihnacht überall

Traditionell
Arr: Javier Marcó

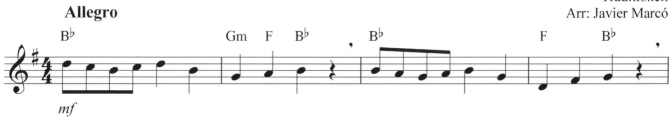

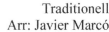

Hark! The Herald Angels Sing

Felix Mendelssohn
Arr. Javier Marcó

Allegro

mf

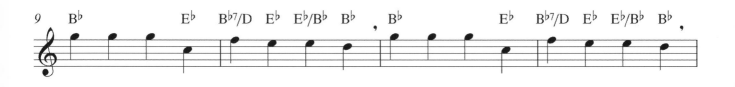

Il est né, le divin Enfant!

Traditionnel
Arr: Javier Marcó

Moderato

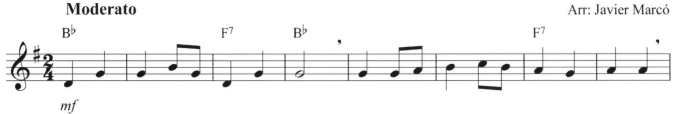

Jingle Bells

James Lord Pierpont
Arr. Javier Marcó

Presto

Joy To The World

Georg Friedrich Händel
Arr. Javier Marcó

La marche des Rois

Georges Bizet
Arr: Javier Marcó

Allegro

Leise rieselt der Schnee

Eduard Ebel
Arr. Javier Marcó

Andante

Les Anges dans nos Campagnes

Traditionnel
Arr: Javier Marcó

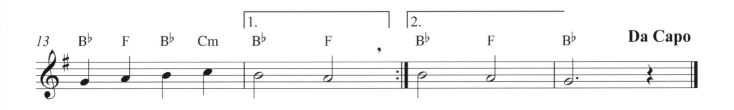

Los Peces en el Río

Tradicional
Arr: Javier Marcó

Moderato

Minuit, chrétiens

Adolphe Adam
Arr: Javier Marcó

Andante

O Tannenbaum

Traditionell
Arr: Javier Marcó

Still, Still, Still

Traditionell
Arr: Javier Marcó

Andante

BALTHASSAR   MELCHOR   GASPAR

Stille Nacht, heilige Nacht

Franz Xaver Gruber
Arr. Javier Marcó

Adagio

The First Nowell

Traditional
Arr. Javier Marcó

Moderato

Tu scendi dalle stelle

Alfonso María de Ligorio
Arr: Javier Marcó

We Wish You A Merry Christmas

Traditional
Arr. Javier Marcó

Presto

Visita nuestra página web y encontrarás más títulos de nuestro catálogo:
www.MarcoMusica.com

¡Felíz Navidad y próspero Año Nuevo!